# Inhalt

## Wireless LAN (WLAN) - Eine Lizenz zum Gelddrucken?

Kernthesen

Beitrag

Fallbeispiele

Weiterführende Literatur

Impressum

GENIOS WirtschaftsWissen Nr. 10/2002 vom 18.10.2002

# Wireless LAN (WLAN) - Eine Lizenz zum Gelddrucken?

*M. Westphal*

## Kernthesen

- Wireless LAN (Local Area Network) eignet sich als simple, schnelle und günstige Möglichkeit der drahtlosen Datenübertragung oder zum Internetzugang.
- Die Regulierungsbehörde hat neue, lizenzfreie Frequenzen für Wireless LAN als Ergänzung für Mobilfunknetze freigegeben.
- Die Möglichkeiten des drahtlosen Internetzugangs und der schnellen Datenübertragung erfreuen sich immer größerer Beliebtheit und werden den

erfolgreichen UMTS-Start der Mobilfunkunternehmen deutlich erschweren.
- Es bestehen noch vielfältige Schwächen z. B. in Bezug auf "Abhörsicherheit", einheitliche Standards für die Abrechnung und Reichweiten.

## Beitrag

# Wireless LAN als simple, schnelle und billige Möglichkeit für drahtlose Datenübertragung und Internetzugang

WLAN (Wireless Local Area Network) ist eine Technologie, die die drahtlose und schnelle Datenübertragung innerhalb einer begrenzten Zone, in der entsprechende lokale Sende- und Empfangsanlagen installiert sind, bewerkstelligt.

Die WLAN-Technik ermöglicht z. B. durch die Investition in eine Basisstation für etwa 200 EUR und eine Antenne für 400 EUR in einem Umkreis von 50 Metern drahtlose Datenübertragungsraten von bis zu

11MBps (Mega Bit per second). Zusätzlich fallen für das von WLAN-Technologie genutzte Frequenzspektrum keine Lizenzgebühren an. Viele Laptops sind bereits mit WLAN-Karten vorkonfiguriert, wobei deren Displays für die Wiedergabe von z. B. Videosequenzen ohnehin viel besser geeignet sind als die kleinen Handydisplays. (1)

Der Zugang in ein WLAN-Netz ist denkbar einfach. Jeder Benutzer loggt sich einfach mit seinem mit einer WLAN-Karte ausgerüsteten Endgerät in einen sogenannten Public Hotspot ein. Sofern er für das Netz autorisiert ist, und sich innerhalb des üblichen Radius von bis zu 150 Metern im Umkreis um die Antenne aufhält, kann er in rasanter Geschwindigkeit Daten übertragen oder im Internet surfen. Zu beachten ist allerdings, dass sich in der Praxis die Datenrate von etwa bis zu 11MBps auf alle aktiven Nutzer in dem jeweiligen Hotspot aufteilt.

## Neue lizenzfreie Frequenzen

Der Einsatzbereich für kostenlos nutzbare Funknetze ist erheblich erweitert worden. Nicht einmal zwei Jahre nach der 50 Mrd. EUR teuren Versteigerung der UMTS-Mobilfunknetze hat die Regulierungsbehörde für Post und Telekommunikation neben den Frequenzen im 2,4 GHz-Bereich auch Frequenzen im 5 GHz-Bereich für Wireless LAN-(WLAN)Anwendungen freigegeben (Standard 802.11b). (2)

## Die Abdeckung durch Wireless LAN-Hotspots nimmt zu

Immer mehr öffentliche Orte wie z. B. Flughafenlounges oder Hotels werden mit WLAN-Technologie ausgestattet. Die verschiedenen Anwendungsszenarien werden unter dem Punkt "Cases" weitergehend behandelt.

Unterstützt wird der Siegeszug der WLAN-Technologie u. a. durch die Tatsache, dass in den USA geeignete Frequenzen für den UMTS-Standard fehlen. Das für diese Technologie geeignete Frequenzspektrum von 1710 1855 MHz wird vom Pentagon genutzt. Darüber hinaus unterstützt die im Vergleich zu UMTS bis zu 25mal so hohe Leistungsfähigkeit in Bezug auf die mögliche Datenübertragung die schnelle Verbreiterung dieser Technologie.

# Aktuelle Schwächen der Wireless LAN-Technik

Die WLAN-Technologie leidet derzeit noch unter verschiedenen Schwächen.
Hierzu gehören insbesondere:

## 1. Die mangelnde "Abhörsicherheit"

Die Einfachheit der WLAN-Technologie, die auch ihre eigentliche Positionierung darstellt, begründet gleichzeitig eines der Hauptprobleme: Ungeschützte Netze können mit kleinen Handcomputern von jedermann an der nächsten Straßenecke "abgehört" werden. Die insbesondere schon bei kleinen Firmen beliebten Funknetze verfügen in der Regel über keinerlei Abhörschutz. Studenten der TU Darmstadt z. B. haben mit kleinen Palm-Computern ausgestattet, an einem Tag vierzig Funknetze entdeckt. Sie klingelten bei den Netzen an, die dann i. d. R. antworten, da das in ihrem Standard so verankert ist. (3)

Es gibt inzwischen eine Vielzahl von Lösungen, die z. B. firmeninterne WLANs gegen das "Abhören" von außen absichern können. Gerade aber Public Hotspots, wie z. B. Flughafenlounges, in denen zum einen sehr viele Geschäftsreisende u. U. hochbrisante Informationen auf ihren Laptops versenden oder empfangen, sollten gut geschützt sein vor fremden Lauschangriffen. Gleichzeitig ist es aber das Bestreben der meisten Public Hotspots, einen einfachen Zugang für jedermann zu ermöglichen. An möglichen Verschlüsselungsverfahren, die auch Public Hotspots absichern können, wird fieberhaft gearbeitet.

## 2. Das Fehlen eines einheitlichen Abrechnungsstandards zwischen den verschiedenen Anbietern

Derzeit ist eines der wesentliche Probleme, der nicht mögliche Übergang oder "unterbrechungsfreie" Übergang zwischen den Netzen, das sogenannte "Roaming", welches im Mobilfunk ja für jeden Nutzer Gewohnheit ist. Grund für diese Schwäche ist, dass es bisher noch keine einheitlichen Abrechnungsstandards für diese Technologie gibt und dass, aufgrund der Besonderheit und der geringen Kosten, die das Betreiben dieser Technologie verursacht, eine hohe Fragmentierung auf der Anbieterseite besteht.

Weitere Informationen auch unter Trends.

## 3. Die geringe Reichweite einer einzelnen Zelle (eines Hotspots)

Eng verknüpft mit dem unter 2. geschilderten Problem ist die geringe Reichweite der einzelnen Zellen. Je nach genutzter Technologie kann die Reichweite einen Radius zwischen 50 und 150 Meter betragen. Inwieweit hier Steigerungen möglich sind, ist derzeit noch ungeklärt. Solange keine flächige Abdeckung der Hotspots, verbunden mit Roaming möglich ist, wird diese Technologie zumindest keine ernsthafte Gefahr für das Abwerben "mobiler", potentieller UMTS-Nutzer sein, da es sich dann eher um eine stationäre drahtlose Technologie handelt.

## Fallbeispiele

Die Stadt Pittsburgh hat ihren Bürgern in weiten Teilen der Innenstadt die kostenlose und drahtlose Einwahl ins Internet ermöglicht. Die zu Grunde liegende WLAN-Technologie ermöglicht mit ihren 10-11 Megabit pro Sekunde (Mbps), jedem mit einem

Laptop und entsprechender Wireless-ModemCard (Preis unter 100 EUR) ausgestatteten User die Möglichkeit, von einer Parkbank aus bildschirmfüllende Video-Übertragungen in bester Qualität zu genießen. Auch andere amerikanische Großstädte beginnen mit der Installation dieser Wireless Hotspots in Cafes, Kinos, an Bushaltestellen oder auf Parkplätzen. Studenten der Universität San Diego können während der Fahrt in den Campus-Bussen MP3-Songs auf ihre Laptops herunterladen. (1)

In den USA ist in den meisten Starbucks-Cafés das drahtlose Surfen möglich. (5)

Analysten der Investmentbank Nomura haben ausgerechnet, dass man in Deutschland allein für die Kosten der UMTS-Lizenzen, eine flächendeckende Versorgung mit WLAN hätte realisieren können. (2)

Das österreichische Parlament stattet sein "Hohes Haus" für 1,9 Mio. EUR mit WLAN-Technologie aus. Jeder österreichische Nationalratsabgeordnete und Bundesrat kann auch während der verschiedenen Sitzungen mit seinem Laptop arbeiten, sogar die Wartung erfolgt per WLAN. (7)

Das Dortmunder Fraunhofer-Institut hat in seinem Institut für Software- und Systemtechnik gemeinsam mit dem Klaus Steilmann-Institut eine allwissende Smart-Wear-Weste entwickelt. Diese Weste beinhaltet in einer wasserdichten Tasche einen kleinen Rechner, der ohne Kabel und Steckdose auskommt. Dieser Rechner erhält seine Daten über eine WLAN-Funkverbindung. Mit einer anvisierten Reichweite von bis zu 1 km können z. B. Journalisten während Sportevents über die Disziplinen, Sportler, etc. unterrichtet werden. (8)

19 europäische Flughäfen richten für ihre Fluggäste drahtlose WLAN-Netzzugänge ein. (9)

Die Ost-Berliner Firma Robowatch hat einen selbstfahrenden Roboter namens "Mosro 1" entwickelt. Dieses Gerät verfügt über Rauch-, Gas- und Infrarotsensoren, wie auch eine CCD-Kamera und ein optisch-akustisches Warnsystem. Es läuft 14-16 Stunden Streife und verträgt Temperaturen von -5 bis 50 Grad Celsius. Per SMS und aktuellen Bildern über WLAN meldet der Roboter jegliche Art von Störfällen. (10)

Ab Jahresende wird die Lufthansa in ihrem Flugzeug "SachsenAnhalt" auf Nordatlantik-Flügen für seine Nutzer einen kostenlosen OnLine-Service via WLAN anbieten. Bis Anfang 2004 sollen 80 Lufthansa-Langstreckenjets mit dieser Technologie ausgerüstet sein.

Hewlett-Packard möchte in den Mobilfunkmarkt einsteigen, setzt dabei aber im Gegensatz zu den etablierten Anbietern wie Nokia, Sony Ericsson, Motorola oder Siemens auf die WLAN-Technolgoie als übertragendes Medium. In einem Pilotprojekt "Mobile Bristol" möchte HP seine Infrastruktur Informatikern, Stadtplanern, oder Medienkünstlern zur Verfügung stellen. Geplant sind Services wie ein Infodienst für den Nahverkehr und ein Stadtinformationssystem, das Touristen per Kopfhörer auf Stadtrundgängen zu verschiedenen Themen leitet. (11)

## Weiterführende Literatur

(1) Immer mehr US-Bürger nutzen drahtlosen Internetzugang per WLAN UMTS-Alternative trifft auf hohe Nachfrage
aus Die Welt, Jg. 52, 09.07.2002, Nr. 157, S. 16

(2) Regulierer fördert Alternative zu UMTS Neue Frequenzen freigegeben · Surfen mit lizenzfreier "Wireless LAN"-Technik soll die neuen Mobilfunknetze ergänzen
aus FTD Financial Times Deutschland vom 10.07.2002, Seite 8

(3) Der Spion lauert an der Straßenecke

aus Darmstädter Echo, 11.07.2002

(4) W-Lan-Betreiber verhandeln über Kooperationen
aus Frankfurter Allgemeine Zeitung, 01.07.2002, Nr. 149, S. 18

(5) Heisse Orte für ungebundenes Surfen Drahtlose lokale Datennetzwerke – Der nächste IT-Boom – Sicherheitsfragen sind noch nicht gelöst
aus Finanz und Wirtschaft, Seite 28

(6) Pilotversuch gestartet Roaming zwischen WLAN und Mobilfunk
aus Computerwoche, 07.06.2002, Nr. 23, S. 1

(7) Moderne Zeiten im Parlament Diese Woche bekommt das Hohe Haus ein 1,9 Mio. € teures IT-System
aus WirtschaftsBlatt, 12.06.2002, Nr. 1640, S. A25

(8) Informationen aus der Westentasche, Spiegel-Online, 04.07.2002
aus WirtschaftsBlatt, 12.06.2002, Nr. 1640, S. A25

(9) Hotspots 19 Flughäfen setzen auf WLANs von Cisco
aus Computerwoche, 19.07.2002, Nr. 29, S. 6

(10) Starwars an der Spree Berliner klonen R2D2-Roboter als Wächter
aus Computerwoche, 07.06.2002, Nr. 23, S. 50

(11) Mit Superhandy ins Turbonetz

aus Der Spiegel, 17.06.2002, Nr. 25, Seite 170

# Impressum

## Wireless LAN (WLAN) - Eine Lizenz zum Gelddrucken?

**Bibliografische Information der deutschen Nationalbibliothek**

Die Deutsche Nationalbibliothek verzeichnet diese Publikation in der deutschen Nationalbibliografie; detaillierte bibliografische Daten sind im Internet über http://dnb.d-nb.de abrufbar.

ISBN: 978-3-7379-0413-1

© 2015 GBI-Genios Deutsche Wirtschaftsdatenbank GmbH, Freischützstraße 96, 81927 München, www.genios.de

Alle Rechte vorbehalten. Dieses Werk ist einschließlich aller seiner Teile – z.B. Texte, Tabellen und Grafiken - urheberrechtlich geschützt. Jede Verwertung außerhalb der Grenzen des Urheberrechtsgesetzes bedarf der vorherigen Zustimmung des Verlags. Dies gilt insbesondere auch für auszugsweise Nachdrucke, fotomechanische Vervielfältigungen (Fotokopie/Mikroskopie), Übersetzungen, Auswertungen durch Datenbanken oder ähnliche Einrichtungen und die Einspeicherung und Verarbeitung in elektronischen Systemen.